Liebe Floristinnen, liebe Floristen,

mit Beginn des neuen Jahres sehnen sich die Menschen nach Frühling! Und auch wenn dieser draußen in der Natur noch etwas auf sich warten lässt, können wir im Blumenfachgeschäft bereits die Wünsche unserer KundInnen erfüllen – etwa durch erfrischende Monosträuße, die den Frühling ins Haus holen, durch zarte Blütenideen mit Wachs, die das Erwachen der Natur symbolisieren, oder durch einen frühlingshaften Tischschmuck, der in diesem Jahr ganz im Zeichen der Weide steht. Und wenn wir so richtig in der neuen Jahreszeit angekommen sind, kündigt sich im Februar schon einer der verkaufsstärksten Tage in der Floristik an – der Valentinstag. Lasst Euch von unseren Anregungen zum Warenaufbau und Blumenpräsentationen am PoS sowie den Werbemitteln rund um das Motto „All you need is love" inspirieren. Apropos Liebe: Auch in der Hochzeitsfloristik zieht jetzt der Frühling ein – in Form von luftig-leichten Manschetten als Rahmen für edle Blüher.

In diesem Sinne: Auf in ein positives, frohes und erfolgreiches neues Geschäftsjahr!

Laura Marx, Michael Sutmöller
und das PRAXIS-Team

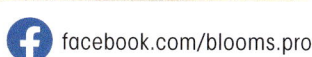 facebook.com/blooms.pro

 pinterest.com/bloomsmedien

 instagram.com/blooms_medien

Hinweise

! Tipps, Anmerkung und/oder zu beachtende Fakten

» Informationen zu den Herstellungsschritten

1 Nummerierung in Verbindung mit Bild und Text

Alle Angaben beziehen sich, wenn nicht anders angegeben, auf ein Werkstück.

Die Fertigungszeiten orientieren sich, außer bei Einzelwerkstücken wie Brautstrauß und Kranz, an der Serienfertigung. Kundenberatungszeiten sind nicht enthalten.

Weil die Fotoproduktionen in der Regel wenige Wochen vor Erscheinen jeder Ausgabe liegen, ist nicht immer die zur Saison gehörende Frischware erhältlich.
In diesen Fällen greifen wir auf Textilblumen, Kunststofffrüchte etc. zurück, ohne jedoch die gestalterische Wirkung und die für Frischblumen notwendige Technik zu verändern.

Inhaltsverzeichnis

Frühlingserwachen:
BLÜTENIDEEN MIT WACHS

Um die gerade erwachende Natur widerzuspiegeln, bieten sich Gestaltungen mit Wachs an – so scheint es, als würden die ersten Frühblüher eine zarte Eisschicht durchbrechen. Im kreativen Prozess lassen sich dabei faszinierende Oberflächen, Formen und Werkstücke schaffen, deren Grundlage die Steckbasen von Smithers-Oasis bilden. Und ganz nebenbei können sogar die Kerzenreste verwertet werden, die noch von Weihnachten übrig geblieben sind.

Acacia dealbata · Asclepias incarnata 'Ice Ballet' · *Clematis* Cultivar · *Galanthus nivalis · Helleborus orientalis · Tulipa* Cultivar · Tulpenzwiebeln · Zweige · getrocknete Fruchtstände · Laub

Glas · Wachs · Deko-Schnee

OASIS® NatureSource™ Zylinder, OASIS® Fix, Pinholder (OASIS® Floral Products)

Zeit 15 min · **Höhe** 35 cm · **Durchmesser** 22 cm

Acacia dealbata · Clematis Cultivar · Helleborus orientalis · Helleborus 'Magnificent bells' · Ranunculus asiaticus 'Butterfly' · Tulipa Cultivar · Zweige · getrocknete Gräser · Flechte · Laub

Wachs · Granulat · Luftballon

OASIS® NatureSource™ Maxlife Blumensteckschaum

Zeit 8 min · **Höhe** 24 cm · **Durchmesser** 12 cm

» **1** Den Luftballon mit Wasser füllen, ins flüssige, aber nicht mehr heiße Wachs tauchen und trocknen lassen. Vorgang so oft wiederholen, bis ein Gefäß entstanden ist. **2** Den Luftballon entfernen. **3** Den gewässerten Frischblumensteckschaum in die passende Größe schneiden, in der Wachsvase platzieren und mit Granulat abdecken. **4** Floralien einarbeiten.

Acacia dealbata · *Asclepias incarnata* 'Ice Ballet' · *Clematis* Cultivar · *Helleborus orientalis* · *Narcissus* Cultivar · *Thlaspi/Lepidium* 'Green Bell' · *Tulipa* Cultivar · Zweige · getrocknete Gräser · Laub · Baumstamm

Wachs · Kerzenhalter · Holzspieße · Tacker/Tackernadeln · Bohrer

OASIS® NatureSource™ Kugel, Technischer Wickeldraht, ggf. PROFIX Heißklebesticks (OASIS® Floral Products)

Zeit 20 min · **Höhe** 53 cm · **Durchmesser** 26 cm

Dekorationselemente im Bild: Kerzenhalter (Bloomingville) · Tablett (Gasper)

›› 1 Baumstamm anbohren, Kerzenhalter einfügen und ggf. zusätzlich mit Heißkleber fixieren. Gewässerte Frischblumensteckschaum-Kugel darauf platzieren. 2 Gräser um den Baumstamm legen, mit Tackernadeln und zusätzlich mit Wickeldraht befestigen. 3 Baumstamm samt Gräsern mit flüssigem Wachs einpinseln und trocknen lassen. Vorgang wiederholen, bis eine dicke Wachsschicht entstanden ist. Dann die Floralien einarbeiten.

Helleborus orientalis · Muscari armeniacum · Narcissus Cultivar · Thlaspi/Lepidium 'Green Bell' · Tulipa Cultivar · Zweige · getrocknete Gräser · getrocknete und gewachste Fruchtstände

Wachs · Seidenpapier

OASIS® BIOLIT® NatureSource™ Schale

Zeit 20 min · **Höhe** 50 cm · **Durchmesser** 28 cm

Dekorationselement im Bild: Sessel (Freifrau)

1 Gewässerte BIOLIT-Schale kopfüber über ein Gefäß legen. Seidenpapier in die passende Größe reißen, in flüssiges Wachs tauchen, über die Schale schichten und trocknen lassen. Vorgang wiederholen, bis ein Gefäß entstanden ist. Aushärten lassen und die Schale samt Wachsgefäß abnehmen.
2 Die Floralien einarbeiten.

Ammi majus · Helleborus orientalis · Nerine bowdenii · Tulipa Cultivar · Zweige · getrocknete Gräser · getrocknete und gewachste Fruchtstände

Wachs · Glasröhrchen · Gummiring

OASIS® SEC Trockenblumensteckschaum Ziegel, Technischer Wickeldraht (OASIS® Floral Products)

Zeit 20 min · **Höhe** 58 cm · **Durchmesser** 20 cm

Dekorationselemente im Bild: Hocker (Gina Da by Ceramics Limburg) · Sessel (Freifrau)

1 Trockenblumensteckschaum-Ziegel zurechtschneiden. Gummiring darüber legen und Gräser unter diesen klemmen. 2 Auf einem Untersetzer platzieren und flüssiges Wachs eingießen. Trocknen lassen und Untersetzer entfernen, sodass ein Fuß entsteht. 3 Glasröhrchen zwischen die Gräser stecken, sodass sie im Ziegel fixiert sind. Mit Wasser auffüllen und Floralien einstellen. 4 Das Werkstück auf einem Teller platzieren.

Asclepias incarnata 'Ice Ballet' · *Clematis* Cultivar · *Galanthus nivalis* · *Helleborus* 'Magnificent bells' ·
Ranunculus asiaticus 'Butterfly' · *Tulipa* Cultivar · *Viburnum opulus* · Zweige · getrocknete Gräser

Wachs

OASIS® NatureSource™ Maxlife Blumensteckschaum, OASIS® BIOLIT® Unterlage,
Technischer Wickeldraht (OASIS® Floral Products)

Zeit 25 min · **Höhe** 38 cm · **Breite** 28 cm · **Tiefe** 18 cm

Dekorationselement im Bild: Vase (Bloomingville)

1 Wickeldraht von der Spule abrollen, zusammenknautschen und zu einem lockeren Kranz formen. **2** Diesen anschließend mit flüssigem Wachs einpinseln. **3** Ebenso die BIOLIT-Unterlage mit Wachs bestreichen. Nach dem Trocknen den Drahtkranz auf der Unterlage platzieren, den gewässerten Frischblumensteckschaum mittig einsetzen und diesen mit den Floralien bestecken.

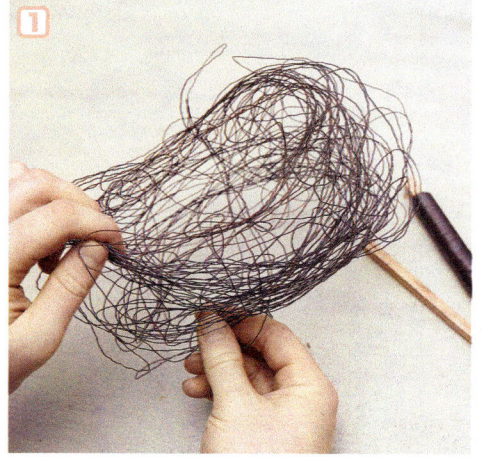

»» Zu den Produkten von Smithers-Oasis siehe Seite 70–71.

All you need is LOVE

Mitten ins Herz trifft dieser Warenaufbau zum Motto „All you need is love". Denn die knalligen Farben der Blüten, Dekoration sowie Werbemittel von Landgard fallen sofort ins Auge und animieren die KundInnen, ihren Lieben eine blumige Freude zum Valentinstag zu machen.

Das wird benötigt:
Papierrollen in Rot und Rosa

Heißkleber (OASIS® Floral Products)

Dekorationselemente im Bild: Werbemittel (Landgard) · Kunststoffkörbe · Kunststoffbehälter mit Rollen

1 Rosen sind die Blumen der Liebe und werden auch als Pflanzungen gerne verschenkt – erst recht, wenn ein Werbeposter verkaufsfördernd auf sie aufmerksam macht. **2** Besonders sweet sind die mit Süßigkeiten bzw. Konfetti aufgefüllten Glasgefäße, in denen *Anthurium* erstrahlt. Eingearbeitete Herzstecker und Etiketten machen auf den Tag der Liebe aufmerksam. **3** Ein riesiger Blickfang ist das selbst gestaltete Papierherz, das als Hintergrund am PoS Floralien und Werbemittel passend in Szene setzt.

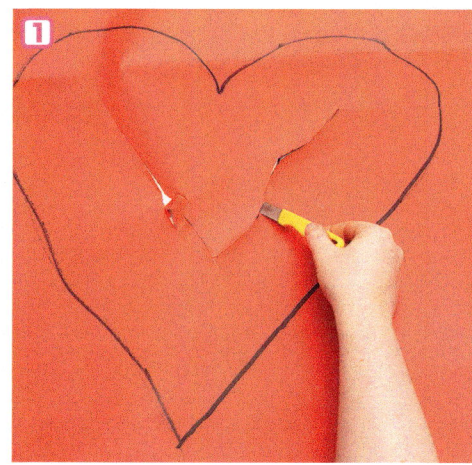

1 Für das XXL-Papierherz die rote Papierrolle vor der rosafarbenen aufhängen. Ein Herz auf die rote Rolle zeichnen und mittels Messer ausschneiden, sodass die Ränder hängen bleiben. **2** Diese Ränder nun jeweils nach außen aufrollen und mit Heißkleber fixieren. So scheint das rosafarbene Papier in Herzform durch die Öffnung.

Rosa Cultivar (Landgard)

Glasgefäße · Herzstecker, Etikett (beides Landgard) · Schaumzuckerherzen (Haribo) · Konfetti · Band

Zeit 8 min · **Höhe** 42 cm · **Durchmesser** 23 cm

Dekorationselement im Bild: pinkfarbene Vase (Boltze)

1 Zwei unterschiedlich große Glasgefäße ineinanderstellen und den Zwischenraum sortenrein mit Konfetti oder Süßware befüllen.

2 Pflanze einsetzen und Herzstecker sowie Etikett mit Schnur anbringen.

christmasworld

7. – 11. 2. 2025
FRANKFURT / MAIN

where wishes come true

Saisonaler Festschmuck, Floristenbedarf und Gartendekoration

Freuen Sie sich auf die weltgrößte Produktvielfalt an
saisonalem Festschmuck, Floristenbedarf und Gartendekoration. Dazu erwartet Sie ein erstklassiges Event-
programm mit den neuesten Themen und Trends.

Sichern Sie sich Ihr Ticket auf
christmasworld.messefrankfurt.com

messe frankfurt

Kalanchoe blossfeldiana (Landgard) · Maulbeerbaumrinde, gefärbt · Curley Moos, gefärbt

Herzgefäß aus Metall, Wollschnur, Etikett (alles Landgard) · Band (Goldina Da Vinci artfleur) · Erde · Wellendrahtring, Steckdraht (beides BUCO)

Zeit 10 min · **Höhe** 22 cm · **Durchmesser** 23 cm

Dekorationselement im Bild: pinkfarbene Vase (Boltze)

Clematis Cultivar, *Ranunculus asiaticus*, *Thlaspi/Lepidium* 'Green Bell', *Tulipa* Cultivar, *Vaccinium myrtillus* (alles Landgard)

Gefäß (D&M) · Woll-Filz (Landgard) · Stickrahmen · Steckdraht (BUCO)

Bindebast, Flower Tape, Heißkleber (OASIS® Floral Products)

Zeit 20 min · **Höhe** 32 cm · **Durchmesser** 35 cm

»

1 Herzen aus Woll-Filz ausschneiden. Steckdraht mit Flower Tape umwickeln. Den Stickrahmen an drei Stellen mit Steckdraht andrahten und Letzteren zu einer Halterung biegen. **2** Die Filzherzen mittels Heißkleber auf den Stickrahmenring kleben. **3** Abschließend die Floralien in das Grundgerüst, das als alternative Steckhilfe dient, einarbeiten und den Strauß in eine wassergefüllte Vase stellen.

Rhododendron simsii (Landgard) · Curley Moos, gefärbt

Zierdraht, Steckdraht (beides BUCO) · Stäbe, gefärbt · Band · Glasgefäß · ggf. Etikett (Landgard)

Zeit 18 min · **Höhe** 28 cm · **Durchmesser** 28 cm

» ① Gefärbte Holzstäbe in die gewünschte Länge schneiden und die Stücke mithilfe von Zierdraht zu mehreren langen Ketten andrahten. ② Die angefertigten Ketten zu einem Nest winden. ③ Pflanze samt Glasgefäß mittig im Nest platzieren. ④ Aus Curley Moos ein Herz formen und mit Zierdraht fixieren. Steckdraht daran befestigen, Band anknoten, ggf. Etikett anklemmen und ins Werkstück einarbeiten.

Anthurium Cultivar (Landgard) ·
Maulbeerbaumrinde · Peddigrohr

Etikett, Wollschnur, Schnur (alles
Landgard) · Steckdraht (BUCO) ·
Kranzunterlagen · Splittstäbe ·
Folienbeutel

Zeit 20 min · **Höhe** 45 cm ·
Durchmesser 28 cm

Dekorationselement im Bild:
pinkfarbene Vase (Boltze)

1 Kranzunterlagen mit Wollschnur umwickeln. **2** Die beiden Kränze aufeinanderlegen und mit Splittstäben verbinden.
3 Splittstäbe über Kreuz in den Kranzboden einstecken, sodass eine Halterung für die Pflanze entsteht. Diese samt
Folienbeutel mittig einstellen, dekorieren und das Etikett anbringen.

Geschenkefloristik

Phalaenopsis Cultivar (Landgard) · Curley Moos, gefärbt
Wollschnur, Etikett (beides Landgard) · Zierdraht (BUCO) · Papierherz · Übertopf
Double Clear Fix (OASIS® Floral Products)
Zeit 12 min · **Höhe** 50 cm · **Durchmesser** 23 cm
Dekorationselement im Bild: orangefarbene Vase (Boltze)

Bunt eingefärbtes Curley Moos ummantelt mithilfe von doppelseitigem Klebeband und Zierdraht den Übertopf. Die pinkfarbene Wollschnur und das Papierherz setzen dazu schöne Kontraste.

Zu den Produkten von Landgard siehe Seite 66–67.

Kreative Floristik mit
BIRKENHOLZSCHEIBEN

Zarte Frühlingsblüher von FleuraMetz und natürliche Birkenholzscheiben gehen jetzt eine aufregende Liaison ein. Bei den unterschiedlichen floralen Werkstücken, die sich einfach seriell im Blumenfachgeschäft anfertigen lassen, wirken die Holzelemente dabei als sichtbares gestalterisches Element mit.

Anemone coronaria 'Marianne Panda', *Asclepia tuberosa*, *Eustoma grandiflorum* 'Alissa Peach', *Freesia* 'Delta River', *Helleborus* 'Magnificent Bells', *Iris x hollandica* 'Casablanca', *Muscari armeniacum*, *Tulipa* 'Queensland' (alle FleuraMetz) · Zweige · Birkenholzscheiben

Glasröhrchen · Wandfarbe · Heißkleber

Zeit 12 min · **Höhe** 42 cm · **Durchmesser** 18 cm

Dekorationselemente im Bild:
Tassen, Teelichtglas (beides Bloomingville)

Clematis 'Amazing® Miami', *Dianthus tros* 'Hamada', *Helleborus* 'Magnificent Bells', *Muscari armeniacum*, *Myosotis arvensis* 'Blue Memory', *Tulipa* 'Queensland', *Tulipa* 'White Heart', *Viburnum opulus* 'Roseum' (alles FleuraMetz) · Zweige · Birkenholzscheiben

Glasgefäße · Glasgranulat · Holzleim

Zeit 8 min · **Höhe** 33 cm · **Durchmesser** 16 cm

1 Zwei unterschiedlich große Birkenholzscheiben mit Holzleim zusammenkleben. **2** Löcher hineinbohren, sodass eine alternative Steckhilfe entsteht. Glasgefäß mit Wasser füllen und den Boden mit Glasgranulat bedecken. **3** Holzscheibe als Deckel auf das Glasgefäß legen und Floralien durch die Löcher stecken.

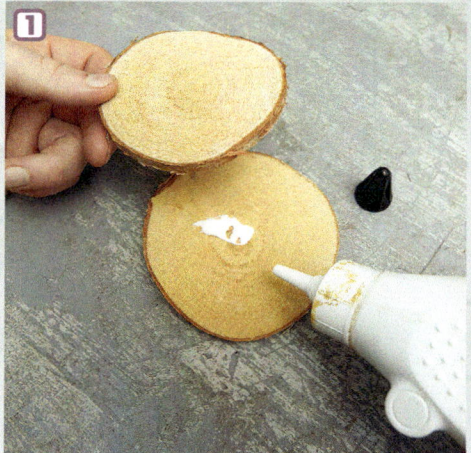

Clematis 'Amazing® London', *Eustoma grandiflorum* 'Alissa Peach',
Helleborus 'Magnificent Bells', *Hyacinthus orientalis* 'Polar Gigant',
Iris x hollandica 'Casablanca', *Tulipa* 'White Heart', *Viburnum opulus*
'Roseum' (alle FleuraMetz) · Zweige · Birkenholzscheibe

Konservendosen · Heißkleber · Farbspray

Zeit 15 min · **Höhe** 36 cm · **Breite** 30 cm · **Tiefe** 17 cm

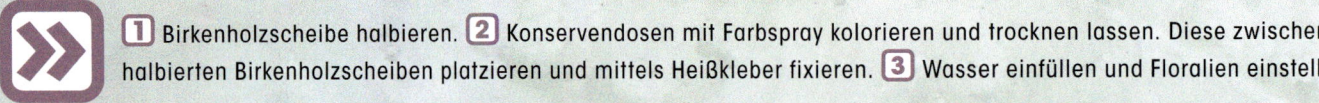

1 Birkenholzscheibe halbieren. 2 Konservendosen mit Farbspray kolorieren und trocknen lassen. Diese zwischen den halbierten Birkenholzscheiben platzieren und mittels Heißkleber fixieren. 3 Wasser einfüllen und Floralien einstellen.

Asclepias incarnata, Clematis 'Amazing® Miami', *Dianthus tros* 'Hamada', *Freesia* 'Delta River', *Myosotis arvensis* 'Blue Memory', *Ranunculus asiaticus* 'Butterfly Graces', *Tulipa* 'White Heart', *Viburnum opulus* 'Roseum' (alles FleuraMetz) · Birkenholzscheibe

Glasröhrchen · Papierdekodraht (BUCO) · Schwanenhals-Flasche

Zeit 15 min · **Höhe** 40 cm · **Breite** 23 cm · **Tiefe** 10 cm

Dekorationselement im Bild: Tasse (Bloomingville)

Clematis 'Amazing® London', *Dianthus tros* 'Hamada', *Helleborus* 'Magnificent Bells', *Hyazinthus orientalis* 'Polar Gigant', *Iris x hollandica* 'Casablanca', *Myosotis arvensis* 'Blue Memory', *Tulipa* 'Queensland', *Viburnum opulus* 'Roseum' (alle FleuraMetz) · Zweige · Birkenholzscheibe · Birkenrinde

Gefäß (DutZ Collection) · Schnur · Tacker/Tackernadeln

Maschendraht (OASIS® Floral Products)

Zeit 15 min · **Höhe** 42 cm · **Durchmesser** 32 cm

Anemone coronaria 'Marianne Panda', *Asclepia tuberosa, Eustoma grandiflorum* 'Alissa Peach', *Freesia* 'Delta River', *Hyazinthus orientalis* 'Polar Gigant', *Myosotis arvensis* 'Blue Memory', *Ranunculus asiaticus* 'Butterfly Graces', *Tulipa* 'Queensland', *Viburnum opulus* 'Roseum' (alle FleuraMetz) · Zweige · Birkenholzscheibe

Glasgefäß · Wolle (Stylit von Lehner Wolle) · Schnüre · Nägel

Zeit 15 min · **Höhe** 34 cm · **Durchmesser** 21 cm

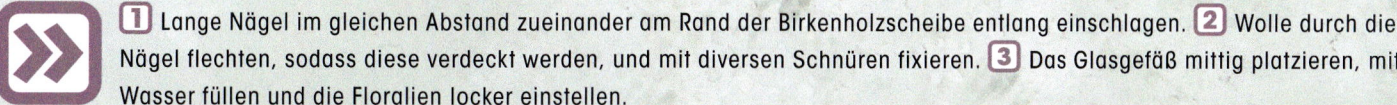

1 Lange Nägel im gleichen Abstand zueinander am Rand der Birkenholzscheibe entlang einschlagen. **2** Wolle durch die Nägel flechten, sodass diese verdeckt werden, und mit diversen Schnüren fixieren. **3** Das Glasgefäß mittig platzieren, mit Wasser füllen und die Floralien locker einstellen.

»» Zu den Produkten von FleuraMetz siehe Seite 64–65.

Bellis perennis · Chamelaucium uncinatum · Eustoma
grandiflorum · Ranunculus asiaticus 'Butterfly' · Salix x
sepulcralis · Thlaspi/Lepidium 'Green Bell' · Viola cornuta

Teller · Schnur · Botschaft

OASIS® IDEAL Herz, Bindedraht, Steckdraht, Rohdraht
(OASIS® Floral Products)

Zeit 15 min · **Höhe** 10 cm · **Breite** 25 cm · **Tiefe** 37 cm

Dekorationselemente im Bild: Geschirr, Wassergläser
(beides ASA) · Weingläser (Schott & Zwiesel)

WEIDENFRÜHLING
auf dem Tisch

**Weidenzweige gehören im Frühjahr zu den beliebtesten Werkstoffen in der Floristik. Die biegsamen
Zweige, die flauschigen Kätzchen und die rustikale Rinde lassen sich auf vielfältige Art und Weise
verarbeiten. Mit den unterschiedlichen Tischschmucksteckbasen von Smithers-Oasis entstehen zum
Beispiel naturnahe Werkstücke für die Frühlingstafel.**

Acacia dealbata · Ammi majus · Helleborus
'Magnificent Bells' · *Muscari armeniacum ·*
Ranunculus asiaticus 'Butterfly' · *Salix x*
sepulcralis · Thlaspi/Lepidium 'Green Bell' ·
Birkenstamm · Tulpenzwiebeln

Tacker/Tackernadeln

OASIS® Powerstick-Corso, Bindedraht
(OASIS® Floral Products)

Zeit 18 min · **Höhe** 37 cm ·
Durchmesser 20 cm

Dekorationselemente im Bild: Geschirr,
Wasserglas (beides ASA) · Weingläser
(Schott & Zwiesel)

1 Weidenzweige zu einem Nest winden und partiell mit Bindedraht fixieren. 2 Anschließend mittels Tacker am Birkenstamm befestigen. 3 Gewässerten Powerstick-Corso auf dem Birkenstamm fixieren. 4 Zum Schluss die Floralien einarbeiten.

Tischschmuck

Acacia dealbata · *Ammi majus* · *Narcisssus* Cultivar · *Ranunculus asiaticus* 'Butterfly' · *Salix x sepulcralis* · *Thlaspi/Lepidium* 'Green Bell' · *Tulipa* Cultivar · *Viburnum opulus* · Tulpenzwiebel

OASIS® Table Design Viva, Bindedraht (OASIS® Floral Products)

Zeit 18 min · **Höhe** 33 cm · **Durchmesser** 25 cm

Dekorationselemente im Bild: Geschirr, Wassergläser (ASA) · Weingläser (Schott & Zwiesel)

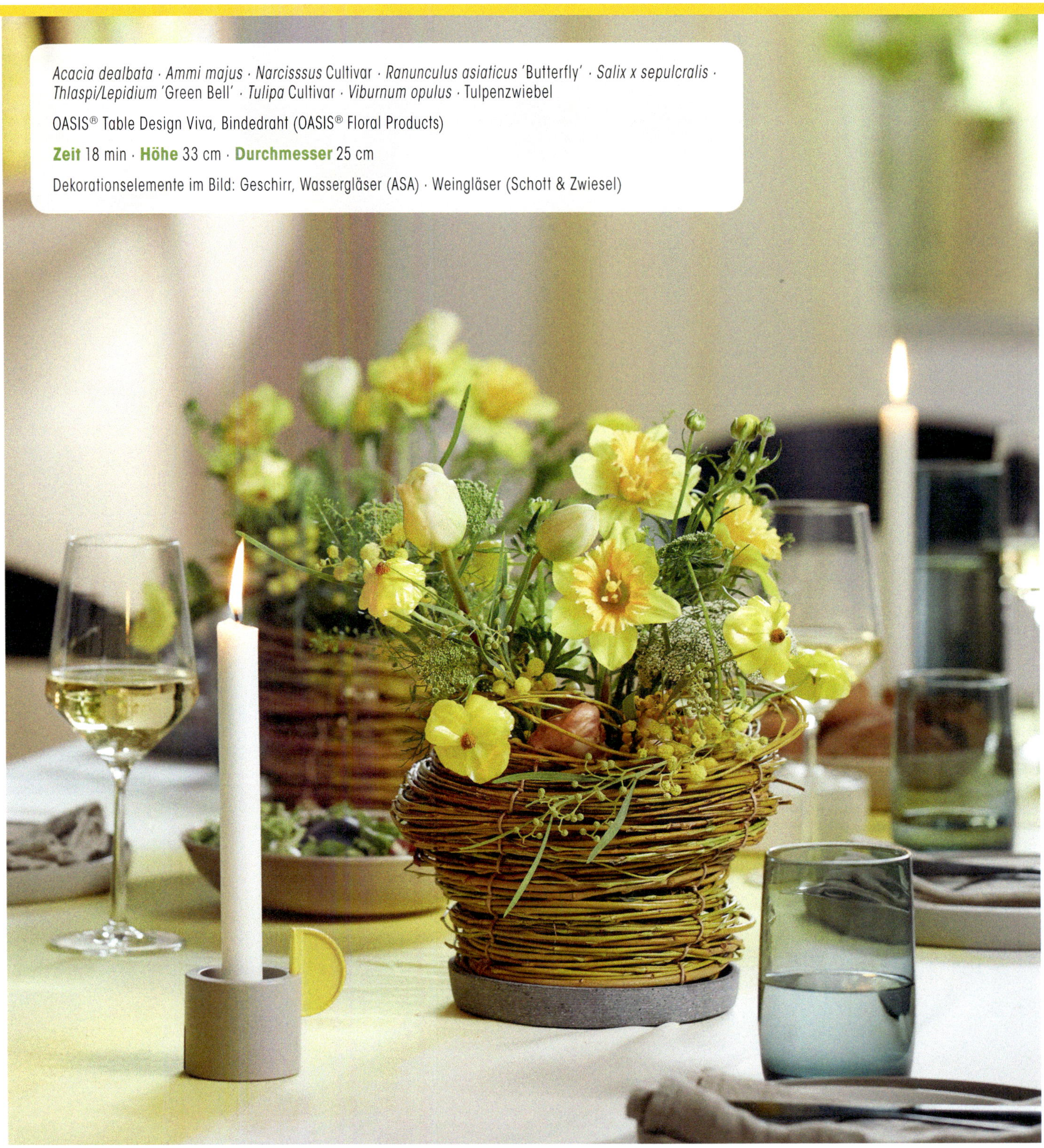

1 Weidenzweige spiralförmig aufwickeln und mit Bindedraht fixieren. Diesen Vorgang wiederholen, bis ein korbartiges Gefäß enstanden ist. 2 Gewässerten Frischblumensteckschaum samt Kunststoffschale mittig einsetzen und die Floralien locker einarbeiten.

1

2

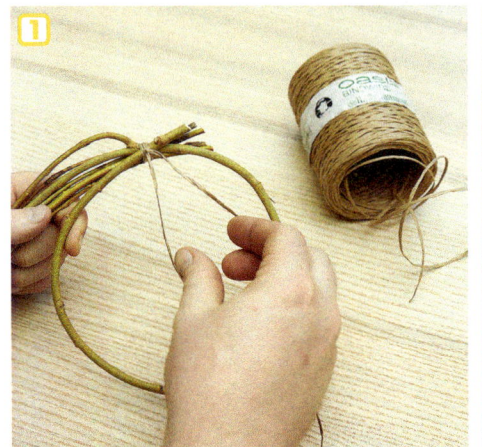

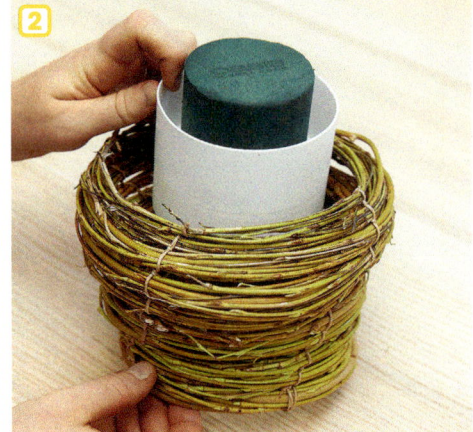

Acacia dealbata · Astrantia major · Helleborus 'Magnificent Bells' · Muscari armeniacum · Ranunculus asiaticus 'Butterfly' · Salix x sepulcralis · Thlaspi/Lepidium 'Green Bell' · Tulpenzwiebel

OASIS® IDEAL Solo Ring (OASIS® Floral Products)

Zeit 15 min · **Höhe** 14 cm · **Durchmesser** 35 cm

Dekorationselemente im Bild: Geschirr, Wassergläser (ASA) · Weingläser (Schott & Zwiesel)

Acacia dealbata · Asclepias incarnata · Bellis perennis · Eryngium Cultivar · Eustoma grandiflorum · Ranunculus asiaticus 'Butterfly' · Salix caprea · Thlaspi/Lepidium 'Green Bell' · Tulpenzwiebel · Flechte/Moos

Holzspieße · Schnur

OASIS® Table Design Neo, Bindedraht (OASIS® Floral Products)

Zeit 12 min · **Höhe** 18 cm · **Breite** 19 cm · **Tiefe** 76 cm

Dekorationselemente im Bild: Geschirr, Wassergläser (ASA) · Weingläser (Schott & Zwiesel)

Die langen, teilweise mit Kätzchen besetzten Zweige verdecken nicht nur gekonnt den Frischblumensteckschaum, sondern sind selbst ein dekoratives Gestaltungselement.

Acacia dealbata · Ammi majus · Astrantia major · Helleborus 'Magnificent Bells' · *Narcissus* Cultivar · *Ranunculus asiaticus* 'Butterfly' · *Salix caprea · Thlaspi/Lepidium* 'Green Bell' · *Tulipa* Cultivar · *Viburnum opulus*

Schnur

OASIS® Roma Schale, OASIS® Double-Fix Clear, Bindedraht (OASIS® Floral Products)

Zeit 18 min · **Höhe** 46 cm · **Breite** 40 cm · **Tiefe** 25 cm

Dekorationselemente im Bild: Geschirr, Wassergläser (ASA) · Weingläser (Schott & Zwiesel)

1 Den Schalenrand der Steckschaumform mit doppelseitigem Klebeband umkleben. **2** Weidenzweige kürzen, sodass die Zweigstücke jeweils etwas höher als der Schalenrand sind. Mittels des angebrachten Klebebands dort fixieren. **3** Frisch-blumensteckschaum wässern und in die Schale einsetzen. Längere Weidenzweige bogenförmig hineinstecken. **4** Die Zweigbögen dienen den weiteren Floralien, die nun in den Frischblumen-steckschaum eingearbeitet werden, als Steckhilfe.

» Zu den Produkten von Smithers-Oasis siehe Seite 70–71.

BRAUTSTRÄUSSE
mit floraler Manschette

Luftig-leichte Manschetten aus verschiedenen floralen Werkstoffen rahmen edle Frühlingsblüher beschützend ein und setzen sie gleichzeitig in den strahlenden Mittelpunkt. So verleihen sie Brautsträußen das gewisse Etwas. Damit die eleganten Kreationen schnell und leicht gelingen, wird auf Brautstraußhalter von Smithers-Oasis zurückgegriffen.

Anemone coronaria · Asclepias incarnata · Berzelia galpinii · Chamelaucium uncinatum · Clematis 'Amazing Kibo' · Clematis vitalba · Eustoma grandiflorum · Freesia Cultivar · Limonium sinuatum · Lunaria annua · Rosa Cultivar

Aluring, Steckdraht, Zierdraht, Wickeldraht (alles BUCO)

OASIS® Lady I Brautstraußhalter, OASIS® Glue Spray, OASIS® AQUA COLOUR Spray

Zeit 45 min · **Höhe** 30 cm · **Durchmesser** 37 cm

Dekorationselement im Bild: Teller (OOhh Lübech Living)

1 Kunststoffplatte zuschneiden, dabei mittig eine Aussparung für den Brautstraußhalter einfügen. Mit Holzleim bestreichen, Weidenkätzchen aufkleben und trocknen lassen. 2 Den Brautstraußhalter wässern und in die Öffnung der Platte einfügen. Den Rand mit Band umkleben. 3 Grundgerüst in einen Stickrahmen einspannen. Floralien einarbeiten und kleine Weidenkätzchen-Kränzchen mit Schleifenband am Brautstrauß befestigen.

Berzelia abrotanoides · Iris x hollandica · Limonium tetragonum · Ranunculus 'Butterfly' · Rosa Cultivar · Salix caprea · Senecio cineraria

Stickrahmen · Band · Holzleim · runde Kunststoffplatte mit Hartschaumkern

OASIS® Ladynette Brautstraußhalter, PROFIX Heißklebesticks, Steckdraht (OASIS® Floral Products)

Zeit 60 min · **Höhe** 30 cm · **Durchmesser** 30 cm

Hochzeitsfloristik

Asclepias incarnata · Brunia laevis · Freesia Cultivar · Limonium sinuatum · Muehlenbeckia complexa · Populus alba · Rosa Cultivar · Serruria florida

Wollschnur (Stylit von Lehner Wolle) · Stecknadeln

OASIS® Lady I Brautstraußhalter, OASIS® SEC Kugel, FloraLife® Finishing Touch Spray, PROFIX Heißklebesticks (OASIS® Floral Products)

Zeit 55 min · **Höhe** 30 cm · **Durchmesser** 33 cm

1 Trockenblumensteckschaum-Kugel halbieren und gewässerten Brautstraußhalter mittig hindurchstecken. **2** Blätter von *Populus alba* mithilfe von Stecknadeln auf dem Trockenblumensteckschaum fixieren. **3** Floralien in den Brautstraußhalter einarbeiten und das Werkstück mit „FloraLife® Finishing Touch"-Spray einsprühen.

Chamelaucium uncinatum · Clematis 'Amazing® Kibo' · Eustoma grandiflorum · Fargesia murielae 'Jumbo' (getrocknet) · Limonium sinuatum · Rosa Cultivar · Serruria florida

Wollschnur (Stylit von Lehner Wolle) · Band (Goldina Da Vinci artfleur) · Steckdraht (BUCO)

OASIS® Lady Plus Brautstraußhalter mit teilbarem Griff zum Nachwässern, OASIS® AQUA COLOUR Spray, PROFIX Heißklebesticks, Anchor Tape, Wellendrahtring (OASIS® Floral Products)

Zeit 50 min · **Höhe** 30 cm · **Durchmesser** 35 cm

Aus den getrockneten *Fargesia*-Blättern entsteht eine beeindruckende Manschette, die sich mit Farbspray im Handumdrehen im gewünschten Ton kolorieren lässt.

Asclepias incarnata · Ceropegia wodii · Chamelaucium uncinatum · Clematis 'Amazing® Kibo' · Eustoma grandiflora · Hyacinthus orientalis · Limonium sinuatum · Ranunculus 'Butterfly' · Senecio cineraria · Tulipa Cultivar

Bänder · Gardinenringe · Stecknadeln · Pappe

OASIS® Little Lady Brautstraußhalter, OASIS® Double-Fix Clear, OASIS® Floral Adhesive, PROFIX Heißklebesticks (OASIS® Floral Products)

Zeit 40 min · **Höhe** 23 cm · **Durchmesser** 16 cm

Dekorationselement im Bild: Teller (OOhh Lübech Living)

Die mit *Senecio*-Blättern beklebte Pappmanschette wird mittels zweier mit Band umwickelter Gardinenringe am Brautstraußhalter befestigt.

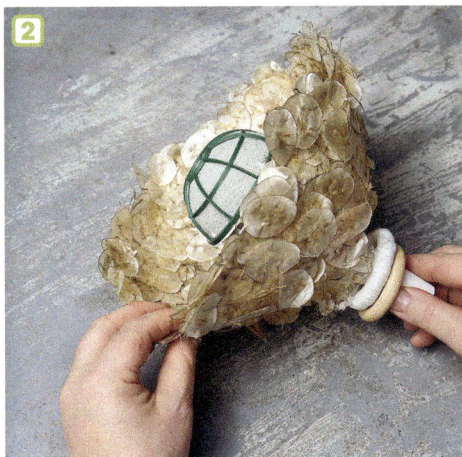

Hyacinthus orientalis · Lunaria annua · Ceropegia wodii

Kordel · Band · Gardinenring · Holzleim · Stecknadeln · Frischhaltefolie

OASIS® SEC Dekohalter, OASIS® Double-Fix Clear

Zeit 60 min · **Höhe** 26 cm · **Durchmesser** 24 cm

» 1 Polystyrol-Halbkugel als Negativform mit Frischhaltefolie umwickeln, Holzleim auftragen und *Lunaria*-Blätter aufkleben. 2 Nach dem Trocknen die Blätterschale von der Halbkugel lösen und mittig ein Loch einschneiden, durch das der gewässerte Brautstraußhalter gesteckt wird. Von unten mittels Gardinenring fixieren. 3 Hyazinthenblüten mit Stecknadeln befestigen. Halterstiel mit Double-Fix Klebeband umwickeln, anschließend Kordel anbringen. Ranken locker über das Werkstück legen und fixieren.

» Zu den Produkten von Smithers-Oasis siehe Seite 70–71.

Black is BEAUTIFUL

Zimmerpflanzen steigern erwiesenermaßen das allgemeine Wohlbefinden und die Kreativität. Daher sind sie auch ideal für Büroräume geeignet. Die Kombination aus sattem Grün und modernem Schwarz wirkt elegant und harmonisch. Mit den Pflanzgefäßen von Lechuza samt Bewässerungssystem und passendem Substrat ist auch die Pflege unaufwendig.

Dracaena fragrans · Philodendron 'Imperial Green' · Sanseveria trifasciata

Gefäß „CUBE Premium" und Pflanzsubstrat „Blackstonepon" (beides Lechuza) · Glasgefäße · Metalltablett · Holztablett (One World)

Zeit 30 min · **Höhe** 100 cm · **Breite** 120 cm · **Tiefe** 120 cm

›› Das rein mineralische Pflanzsubstrat „Blackstonepon" erscheint durch die Verfeinerung mit natürlicher Pflanzenkohle und schwarzer Lava in außergewöhnlicher dunkler Farbe und ist eine ideale Alternative zu herkömmlicher Pflanzerde.

Monstera deliciosa ·
Philodendron bipinnatifidum
'Xanadu' · Äste

Gefäß „CUBICO Premium Alto"
und Pflanzsubstrat
„Blackstonepon" (beides
Lechuza) · Farbe · Schwamm ·
Splittstäbe

Werkstück *Monstera*":
Zeit 35 min · **Höhe** 165 cm ·
Breite 80 cm · **Tiefe** 80 cm

Werkstück *Philodendron*":
Zeit 35 min · **Höhe** 180 cm ·
Breite 120 cm · **Tiefe** 120 cm

 **1** Äste mithilfe des Schwamms kolorieren und trocknen lassen. **2** An mehreren Stellen Löcher einbohren. **3** Splittstäbe in die Löcher stecken. Die Äste quer über die beiden bepflanzten Gefäße legen und dabei die Splittstäbe im Pflanzsubstrat verankern.

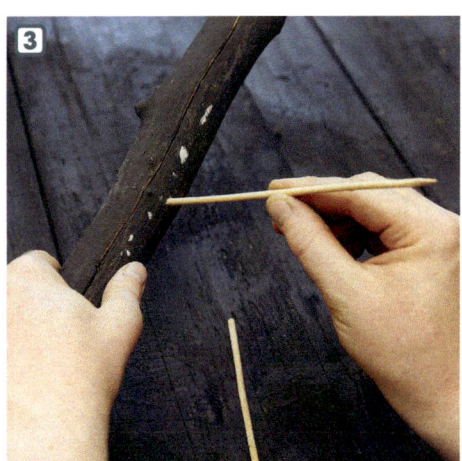

Fatsia japonica

Gefäße „DIAMANTE Premium" und Pflanzsubstrat „Blackstonepon" (beides Lechuza) · Steckdraht (BUCO) · Papier · Kleister · Metallständer

Zeit 60 min · **Höhe** 160 cm · **Durchmesser** 90 cm

 ① Steckdrähte mittels einer Zange an den Enden umbiegen. ② Dann die Steckdrähte zu Dreiecken zusammenfassen, die wiederum ineinander greifen. Dieses Drahtgebilde am Metallständer befestigen. ③ Schwarzes Papier in passende Stücke reißen, einkleistern und Teilflächen des Drahtgebildes damit bespannen. Trocknen lassen.

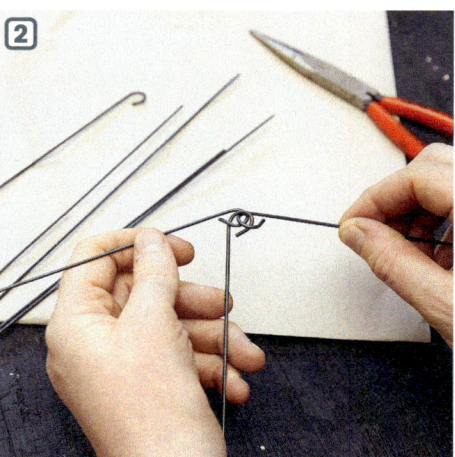

Philodendron bipinnatifidum 'Xanadu' · Philodendron campii

Gefäße „CANTO Stone LED" und Pflanzsubstrat „Blackstonepon" (beides Lechuza)

Kleines Gefäß:
Zeit 15 min · **Höhe** 96 cm · **Breite** 60 cm · **Tiefe** 42 cm

Großes Gefäß:
Zeit 15 min · **Höhe** 140 cm · **Durchmesser** 118 cm

Dank der Wasserstandsanzeige ist auf den ersten Blick ersichtlich, ob die Pflanzen gegossen werden müssen. KundInnen im Blumenfachgeschäft können entsprechend zu intelligenten Bewässerungssystemen und Substraten beraten werden.

Alocasia wentii · Homalomena rubescens
'Maggy' · Ranken

Gefäße „RONDO Premium" und
Pflanzsubstrat „Blackstonepon" (beides
Lechuza) · Steckdraht (BUCO) · Farbspray

Kleines Gefäß:
Zeit 20 min · **Höhe** 85 cm ·
Durchmesser 60 cm

Großes Gefäß:
Zeit 20 min · **Höhe** 170 cm ·
Durchmesser 148 cm

≫ Werden die Ranken vor dem Einstecken
mit Farbspray koloriert, fügen sie sich
noch besser ins Gesamtbild ein.

Strelitzia reginae · Maulbeerbaumrinde, gefärbt

Gefäß „CLASSICO Color" und Pflanzsubstrat „Blackstonepon" (beides Lechuza) · Nähgarn

Trockenblumensteckschaum-Kugel (OASIS® Floral Products)

Zeit 25 min · **Höhe** 200 cm · **Durchmesser** 220 cm

1 Maulbeerbaumrinde um die Trockenblumensteckschaum-Kugel legen. **2** Mit Nähgarn fixieren, sodass die Kugel rundherum bedeckt ist. **3** Die fertige Kugel im Pflanzgefäß platzieren.

»» Zu den Produkten von Lechuza siehe Seite 62–63.

Frühlingshafte
MONO-STRÄUSSE

Bei diesen Sträußen hat jeweils eine Blumenart ihren großen Auftritt – und damit es nicht eintönig wird, werden die Frühlingsblüher meisterhaft von Zweigen, Ranken, Gräsern und Co. umspielt.

Helleborus orientalis · Humulus lupulus · Hydrangea paniculata

Vase (ASA) · Schnur

Bindebast (OASIS® Floral Products)

Zeit 15 min · **Höhe** 75 cm · **Durchmesser** 55 cm

Anemone coronaria · Euonymus alatus

Schale (ASA) · Wollschnur · Gummiring

Zeit 18 min · **Höhe** 46 cm ·
Durchmesser 28 cm

Dekorationselemente im Bild: Tasse (ASA) ·
Kerzenhalter (OOhh Lübech Living)

Muscari armeniacum · Symphoricarpos albus

Vase (ASA) · Schnur

Bindebast (OASIS® Floral Products)

Zeit 10 min · **Höhe** 40 cm · **Durchmesser** 45 cm

Dekorationselemente im Bild: Holzhocker (WMG) · Windlicht (OOhh Lübech Living)

Melissa officinalis · *Narcissus* Cultivar

Schale (D&M) · Schnur

Bindebast (OASIS® Floral Products)

Zeit 15 min · **Höhe** 38 cm · **Durchmesser** 42 cm

Dekorationselemente im Bild: Becher, Karaffe (beides Hübsch)

Fritillaria meleagris · wintergetrocknete Gräser
Schale (ASA) · Steine · Schnur
Bindebast (OASIS® Floral Products)
Zeit 18 min · **Höhe** 37 cm · **Durchmesser** 30 cm
Dekorationselement im Bild: Becher (ASA)

⟫ In einer breiten Schale wird der Stehstrauß mit Wasser versorgt. Größere Steine sind nicht nur dekorativ, sondern können auch zur Stabilisierung des Werkstücks dienen.

Fagus sylvatica · Hedera helix ·
Melissa officinalis · Ranunculus
asiaticus · Zweige

Vase (ASA) · Tablett · Stein

Bindebast (OASIS® Floral Products)

Zeit 18 min · **Höhe** 70 cm ·
Durchmesser 40 cm

Dekorationselemente im Bild: Hocker,
Holzhocker (beides WMG)

*Euonymus alatus · Melissa officinalis · Prunus avium · Quercus robur ·
Symphoricarpos albus · Vaccinium myrtillus*

Vase

Bindebast (OASIS® Floral Products)

Zeit 15 min · **Höhe** 40 cm · **Durchmesser** 50 cm

Galium aparine · Hydrangea paniculata · Salix babylonica · Tulipa Cultivar

Vase (D&M) · Wollschnur · Papierdekodraht (BUCO)

Zeit 30 min · **Höhe** 90 cm · **Breite** 75 cm · **Durchmesser** 35 cm

Ein tütenförmiges Grundgerüst aus gewebten Weiden- und anderen Zweigen bildet die Basis für Tulpen, die teilweise in der Mitte und teilweise an der Außenseite des Grundgerüsts eingearbeitet werden. Ggf. mit Papierdekodraht fixieren.

» Inspiration & Information

Unsere Fachmagazine im Abo

Jede **PRAXIS**-Ausgabe bietet:

» **72 Seiten** (DIN A4) mit ca. **60 Floristikideen** für 2 Monate

» in den Kategorien: **Saisonfloristik, Geschenke-floristik, Floristik in Serie, Tischschmuck, Dauerhafte Floristik, Hochzeitsfloristik, Trauerfloristik, Businessfloristik, Sträuße** oder **Pflanzungen**

» **topverkäufliche Floristik** auf Basis von optimiertem Material- und Zeiteinsatz

» **Techniktipps, Präsentationsvorschläge** und **Produktinformationen**

Das **PRAXIS**-Magazin im Abo:

» **Preisvorteil:** Abo-Preis inklusive Versand

» **Geld-zurück-Garantie:** bei Kündigung (nach ½ Jahr Bezugszeit, 14 Tage vor Erscheinen der Folgeausgabe)

» **Aboprämie:** ein Gratis-Fachbuchtitel zur Wahl

» **Mehr Infos unter:**

blooms.de/praxis

für floralen Lifestyle

– bequem & einfach

Jede saisonale VIEW-Ausgabe bietet:

» **umfangreiche Trendinspirationen:** Ausgabe 1 (Januar) mit den Ganzjahrestrends, Ausgabe 2 (August) mit den Weihnachtstrends

» dazu **begeisternde Floristikinterpretationen** internationaler FloristInnen

» **internationale Ausrichtung in drei Sprachen:** Deutsch, Englisch, Italienisch

» für den ästhetischen Design-Genuss

» optional dazu die beiden Themenausgaben **WEDDING** und **TRAUER** (nur in deutscher Sprache)

Das VIEW-Magazin im Abo:

» **in 3 Abo-Formen:**

CLASSIC: 2 x saisonale Ausgaben

MAXI: 2 x saisonale Ausgaben
+ Themenausgabe Ihrer Wahl

TOP: 2 x saisonale Ausgaben
+ Themenausgabe WEDDING
+ Themenausgabe TRAUER

» **Preisvorteil:** Abo-Preis inklusive Versand

» **Aboprämie:** ein Gratis-Fachbuchtitel zur Wahl

» **Mehr Infos unter:**
blooms.de/view

Blühende FRAUEN-POWER

Am 8. März ist Weltfrauentag. Und mit den entsprechenden Werbemitteln von Landgard wird dieser Tag zum Verkaufsschwerpunkt im Blumenfachgeschäft – zum Beispiel für farbenfrohe Pflanzungen. Unsere XXL-Buchstabenwürfel unterstreichen das Motto.

Beim Warenaufbau am PoS erregen die verschiedenen Werbemittel von Landgard wie Poster und Etiketten durch ihre strahlende Farbkraft sofort die Aufmerksamkeit der KundInnen. Aufgegriffen werden die Töne nicht nur durch die Blütenfarben, sondern auch durch Tisch, Drahtkörbe und Tabletts. Für die großen Buchstabenwürfel braucht es dann nur noch unterschiedliches, passendes Geschenkpapier und einen Metallständer.

1 Kartons in Geschenkpapier einpacken, dabei oben offen lassen und das Geschenkpapier nach innen einschlagen. Buchstaben aus schwarzem Tonkarton ausschneiden und aufkleben. Dann die Kartons versetzt auf einen Metallständer auffädeln. 2 Kartons mit Folie ausstopfen und Pflanzen in Grabvasen einstellen.

Tulipa Cultivar, *Vaccinium myrtillus*, Moos (alles Landgard)

Wollfilz, Jute, Wollschnur, Pappbecher (alles Landgard) · Heißkleber

Zeit 12 min · **Höhe** 25 cm · **Durchmesser** 18 cm

Dekorationselemente im Bild: Werbemittel (Landgard)

►► **①** Jute und Wollfilz passend ausschneiden. **②** Den Pappbecher mittels Heißkleber mit den beiden Stoffen ummanteln. **③** Wollschnur festknoten und Etikett anbringen. Dann *Tulipa* in den Becher einpflanzen, mit Heidelbeergrün ausstecken und das Moos ergänzen.

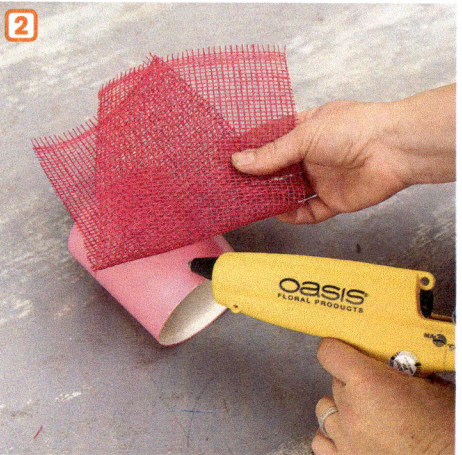

Tulipa Cultivar, *Vaccinium myrtillus*, Tulpenzwiebel (alles Landgard)

Übertopf · Schnur (Landgard)

Zeit 8 min · **Höhe** 18 cm · **Durchmesser** 10 cm

Dekorationselemente im Bild: Werbemittel (Landgard)

Dianthus caryophyllus (Landgard) · Maulbeerbaumrinde · Reet

Band (Goldina Da Vinci artfleur) · Rebenbindedraht, Zierdraht, Wickeldraht (alles BUCO)· Folienbeutel · Splittstab · Steckdraht

Zeit 18 min · **Höhe** 28 cm · **Breite** 25 cm · **Tiefe** 25 cm

⟫ 1 Wickeldraht abspulen und zu einem Kissen samt Öffnung für das Pflanzgefäß formen. 2 Diese Drahtgrundform mit Maulbeerbaumrinde umwickeln und mit Draht fixieren. 3 Eine Blüte aus Rebenbindedraht wickeln. 4 Pflanze im Folienbeutel in die Drahtform einsetzen und dekorieren.

Guzmania Cultivar (Landgard) · Landlotus, gefärbt · Reet
Topf (Landgard) · Band · Steckdraht (BUCO) · Pappe · Heißkleber
Zeit 15 min · **Höhe** 40 cm · **Durchmesser** 30 cm

Dekorationselemente im Bild: Werbemittel (Landgard) ·
Kugelvase (Boltze)

FRAUEN
8. MÄRZ
POWER

Medinilla magnifica (Landgard) · Landlotus, gefärbt

Wollschnur, Gewebe (beides Landgard) · Übertopf · Wellendrahtring, Steckdraht (beides BUCO)

Zeit 10 min · **Höhe** 55 cm · **Durchmesser** 30 cm

Dekorationselemente im Bild: Werbemittel (Landgard) · Vase (Boltze)

Die Erde im Pflanzgefäß lässt sich wunderbar mit passend eingefärbtem Landlotus kaschieren.

Anemone coronaria, Chasmanthium latifolia, Cornus sanguinea, Dianthus caryophyllus, Gerbera jamesonii (alles Landgard)

Pappschachtel · Geschenkpapier · Stoff · Flaschen

Doppelseitiges Klebeband (OASIS® Floral Products)

Zeit 15 min · **Höhe** 60 cm · **Durchmesser** 26 cm

Dekorationselemente im Bild: Kugelvasen (Boltze)

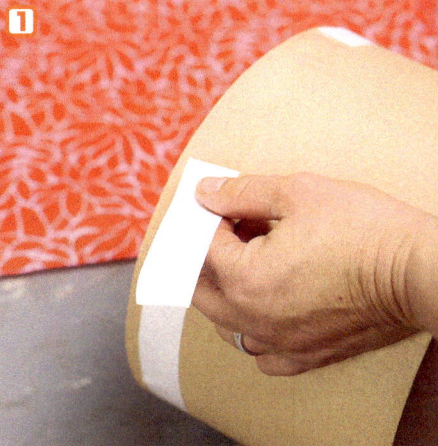

1 Die Schachtel mit doppelseitigem Klebeband bekleben. **2** Dann das Geschenkpapier darauf anbringen. **3** Die Flaschenhälse teils mit gerissenem Stoff umwickeln und die Flaschen in der Schachtel platzieren. Wasser einfüllen und Schnittblumen einfügen. Zum Schluss *Cornus*-Zweige zwischen die Flaschen klemmen.

»» Zu den Produkten von Landgard siehe Seite 68–69.

Pflanzgefäße von LECHUZA

CUBE Premium 40 All-in-One Set

hochwertiger Kunststoff, hochglanzlackiert, bruchsicher, UV-beständig
Maße: 39 x 39 x 40 cm, Pflanzvolumen 31 L, Pflanztiefe 28 cm,
Wasserspeicher 7,5 L
Weiß, Art.-Nr. 16360 / Anthrazit metallic, Art.-Nr. 16363 /
Silber metallic, Art.-Nr. 16368 / Scarlet rot, Art.-Nr. 16367 /
Schwarz, Art.-Nr. 16369 / Taupe, Art.-Nr. 16365

Im Set enthalten: 1 x Pflanzgefäß,
1 x Pflanzeinsatz, 1 x Bewässerungs-Set,
1 x LECHUZA-PON als Drainageschicht

*auch erhältlich in den Größen 30 und 50

CUBICO Premium Alto All-in-One Set

hochwertiger Kunststoff, hochglanzlackiert, bruchsicher, UV-beständig
Maße: 39,5 x 39,5 x 105 cm, Pflanzvolumen 31 L, Pflanztiefe 28 cm,
Wasserspeicher 7,5 L
Weiß, Art.-Nr. 18230 / Anthrazit metallic, Art.-Nr. 18233 /
Silber metallic, Art.-Nr. 18238

Im Set enthalten: 1 x Pflanzgefäß, 1 x Pflanzeinsatz, 1 x Bewässerungs-Set,
1 x LECHUZA-PON als Drainageschicht

DIAMANTE Premium All-in-One Set

hochwertiger Kunststoff, hochglanzlackiert, bruchsicher, UV-beständig
Maße: Ø 40 x 75 cm, Pflanzvolumen 22 L, Pflanztiefe 26,5 cm, Wasserspeicher 5,5 L
Weiß, Art.-Nr. 15700 / Anthrazit, Art.-Nr. 15703 / Schwarz, Art.-Nr. 15709 /
Weiß matt, Art.-Nr. 15701 / Schwarz matt, Art.-Nr. 15702

Im Set enthalten: 1 x Pflanzgefäß, 1 x Pflanzeinsatz, 1 x Bewässerungs-Set,
1 x LECHUZA-PON als Drainageschicht

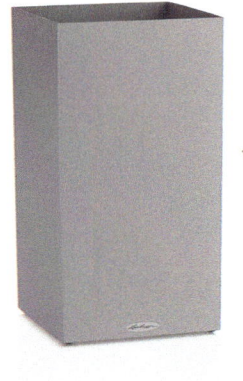

CANTO Stone 40 high LED All-in-One Set

hochwertiger Kunststoff, Natursteinoptik, bruchsicher, UV-beständig
Maße: 40 x 40 x 76 cm, Pflanzvolumen 29 L, Pflanztiefe 25 cm, Wasserspeicher 7 L
Steingrau, Art.-Nr. 13640 / Graphitschwarz, Art.-Nr. 13642 / Quarzweiß, Art.-Nr. 13647

Im Set enthalten: 1 x Pflanzgefäß, 1 x Pflanzeinsatz, 1 x Bewässerungs-Set, 1 x LECHUZA-PON als
Drainageschicht, 1x Stromkabel 3 m + Steckernetzteil, 1x Fernbedienung

* auch erhältlich in 40 low LED sowie 30 high/low LED. CANTO Stone ist auch ohne LED verfügbar.

➤➤ **Zur floristischen Verwendung der Produkte siehe Seite 38–43.**

Alle Fotos © LECHUZA; (alle Maße sind ca. Angaben)

RONDO Premium 40 All-in-One Set

hochwertiger Kunststoff, hochglanzlackiert, bruchsicher, UV-beständig
Maße: Ø 40 x 75 cm, Pflanzvolumen 22 L, Pflanztiefe 26,5 cm, Wasserspeicher 5,5 L
Weiß, Art.-Nr. 15740 / Anthrazit metallic, Art.-Nr. 15743 / Scarlet rot, Art.-Nr. 15759 / Schwarz, Art.-Nr. 15749 /
Taupe, Art.-Nr. 15744 / Weiß matt, Art.-Nr. 15746 / Schwarz matt, Art.-Nr. 15745 / Basaltgrau matt, Art.-Nr. 15742

Im Set enthalten: 1 x Pflanzgefäß, 1 x Pflanzeinsatz, 1 x Bewässerungs-Set, 1 x LECHUZA-PON als Drainageschicht

* auch erhältlich in der Größe 32

CLASSICO Color 43 All-in-One Set

hochwertiger Kunststoff, matte Oberfläche, bruchsicher, UV-beständig
Maße: Ø 42 x 39,5 cm, Pflanzvolumen 33 L, Pflanztiefe 26,5 cm, Wasserspeicher 6 L
Weiß, Art.-Nr. 13230 / Schiefergrau, Art.-Nr. 13244 / Muskat, Art.-Nr. 13243 /
Sandbraun, Art.-Nr. 13245

Im Set enthalten: 1 x Pflanzgefäß, 1 x Trennboden, 1 x Bewässerungs-Set,
1 x LECHUZA-PON als Drainageschicht

* auch erhältlich in den Größen 12, 14, 18, 21, 28, 35, 60 und 70

BLACKSTONEPON

Designpon in schwarz

6 Liter, Art.- Nr. 19555
12 Liter, Art.- Nr. 19556
18 Liter, Art.- Nr. 19557

- Rein Mineralisches Pflanzsubstrat
- Für alle Zimmerpflanzen geeignet
- Pflanzenkohle verbessert die Bodenfruchtbarkeit
- Vorgedüngt für 6–8 Monate
- 100 % torffrei

geobra Brandstätter Stiftung & Co. KG
LECHUZA
Brandstätterstraße 2–10
90513 Zirndorf

Tel.: 0911 9666-1660
Fax: 0911 9666-1178
Mail: info@lechuza.com
Website: lechuza.com

≫ Zur floristischen Verwendung der Produkte siehe Seite 20–25.

seasonal

Sieh dir
jetzt alle
**seasonal
favorites**
im Webshop an.

FleuraMetz Successful together

FÜR DIE KALENDERWOCHEN 6 UND 7

ALL YOU NEED IS LOVE

Mit unserer neuen Fachhandelskampagne „All you need is love" machen wir den Valentinstag in den KW 6 bis 7 zum Eyecatcher am Point of Sale. Angelehnt an aktuelle Trends leben wir die ganze Bandbreite der Gefühle in knalligem Pink, Rot und Orange aus – und das genauso intensiv und individuell, wie die Liebe selbst es auch ist. Blumen regionaler Gärtnereien, darunter Anthurien, Kalanchoe und Rosen, werden mutig kombiniert und so zu einem unvergesslichen Geschenk für ganz besondere Menschen. Schließlich gilt nicht nur am Valentinstag: „All you need is love …and flowers".

PFLANZEN
+ Anthurium
+ Kalanchoe
+ Rosa

BLUMEN
+ Tulipa „Icoon"
+ Clematis Div. „Blue Pyrouette"
+ Ranunculus asiaticus „Elegance Pink"

» Zur floristischen Verwendung der Produkte siehe Seite 10–19.

BEITRÄGE FÜR DEN FEED

Mit unseren Feedposts, die auf die Fachhandelskampagnen abgestimmt sind, professionalisieren Sie Ihren Social Media-Auftritt.

HASHTAG-UND TEXT-VORLAGEN

Unsere Textvorlagen sind entwickelt, um saisonale Blumen und Pflanzen mit klaren, ansprechenden Botschaften zu präsentieren.

ANIMIERTE GIFS FÜR STORYS

Die maßgeschneiderten Animationen erregen Aufmerksamkeit und verleihen Ihren grünen Angeboten eine Extra-Portion Dynamik.

BEITRÄGE FÜR STORYS UND / ODER STATUS

Egal, ob Sie Ihre Insta-Storys oder den WhatsApp-Status aktualisieren möchten – unsere Vorlagen können Sie unkompliziert integrieren.

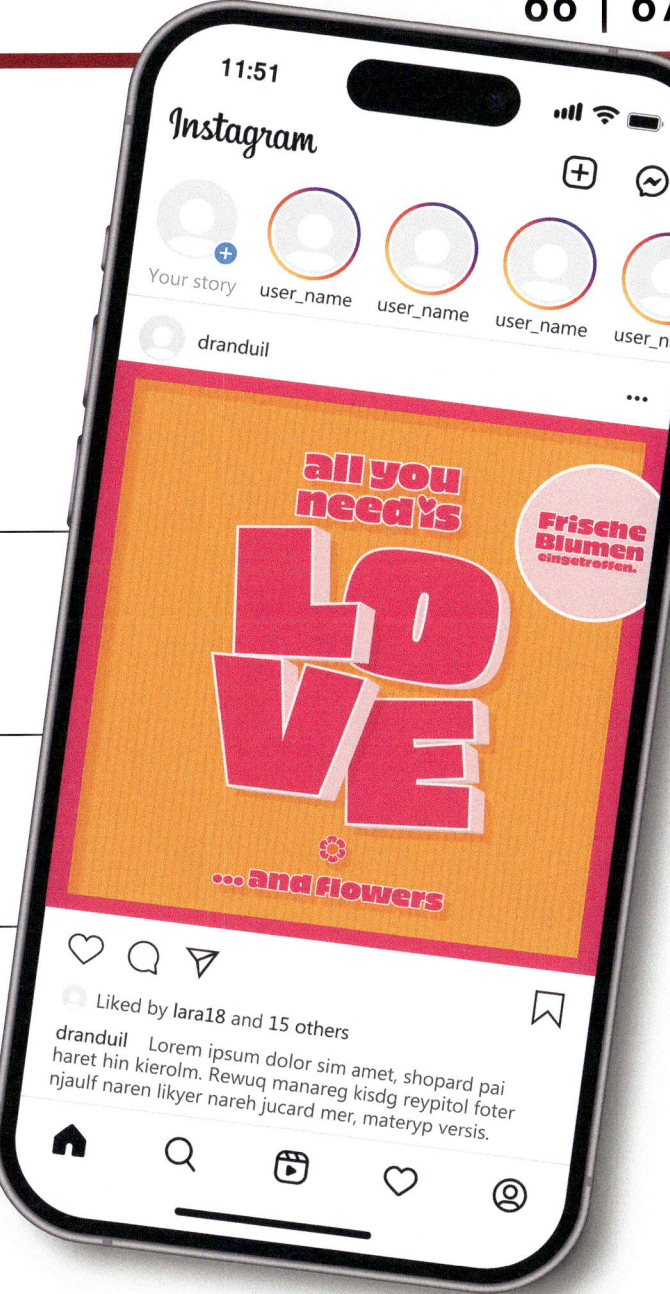

AM PULS DER ZEIT

PASSGENAUER CONTENT FÜR SOCIAL MEDIA

Passend zu „All you need is love" und allen unseren Fachhandelskampagnen haben wir für Sie ansprechende und professionelle digitale Werbemittel gestaltet, die die Aufmerksamkeit Ihrer Zielgruppe auf sich ziehen. Von aussagekräftigen Bildern bis hin zu lustigen GIF-Dateien – wir setzen für Sie grüne Produkte auch online ins Rampenlicht.

QR-CODE SCANNEN, DIREKT ZUM DOWNLOAD GELANGEN UND SOFORT STARTEN.

POSTER, PREISVORDRUCKE UND VIELES MEHR

Unter landgard.de/kampagnen finden Sie **Poster und Preisvordrucke zum Selbstausdruck.** Kostenlose Poster im DIN A2-Format und Etiketten erhalten Sie in unseren Cash & Carry-Märkten und bei Bloomways. Weitere Werbemittel gestalten wir gerne nach Ihren Wünschen und liefern Sie zum Selbstkostenpreis – mailen Sie dazu an: werbung@landgard.de.

FÜR DIE KALENDERWOCHEN 9 UND 10

FRAUENPOWER

Energiegeladen, auffällig und einzigartig – so stimmen wir uns mit der neuen Fachhandelskampagne „Frauenpower" in den KW 9 und 10 auf den Internationalen Frauentag am 8. März ein. Passend zu aktuellen Trends feiern wir die Individualität, Stärke und Schönheit der Frauen dieser Welt. Regionale Glockenblumen, Nelken, Ranunkeln und Tulpen und strahlen in kraftvollen Pink-, Rosa-, Rot-, Orange- und Blautönen um die Wette und werden zu Botschaftern für Frauenrechte und die Gleichstellung der Geschlechter.

PFLANZEN
+ Campanula
+ Dianthus
+ Tulipa
+ Ranunculus

BLUMEN
+ Anemone coronaria „Gemstone Blue"
+ Dianthus caryophyllus „Tonic Golem"
+ Gerbera mini „Fanta"

» Zur floristischen Verwendung der Produkte siehe Seite 54–61.

BEITRÄGE FÜR DEN FEED

Mit unseren Feedposts, die auf die Fachhandelskampagnen abgestimmt sind, professionalisieren Sie Ihren Social Media-Auftritt.

HASHTAG-UND TEXT-VORLAGEN

Unsere Textvorlagen sind entwickelt, um saisonale Blumen und Pflanzen mit klaren, ansprechenden Botschaften zu präsentieren.

ANIMIERTE GIFS FÜR STORYS

Die maßgeschneiderten Animationen erregen Aufmerksamkeit und verleihen Ihren grünen Angeboten eine Extra-Portion Dynamik.

BEITRÄGE FÜR STORYS UND / ODER STATUS

Egal, ob Sie Ihre Insta-Storys oder den WhatsApp-Status aktualisieren möchten – unsere Vorlagen können Sie unkompliziert integrieren.

AM PULS DER ZEIT

PASSGENAUER CONTENT FÜR SOCIAL MEDIA

Passend zu „Frauenpower" und allen unseren Fachhandelskampagnen haben wir für Sie ansprechende und professionelle digitale Werbemittel gestaltet, die die Aufmerksamkeit Ihrer Zielgruppe auf sich ziehen. Von aussagekräftigen Bildern bis hin zu lustigen GIF-Dateien – wir setzen für Sie grüne Produkte auch online ins Rampenlicht.

QR-CODE SCANNEN, DIREKT ZUM DOWNLOAD GELANGEN UND SOFORT STARTEN.

POSTER, PREISVORDRUCKE UND VIELES MEHR

Unter landgard.de/kampagnen finden Sie **Poster und Preisvordrucke zum Selbstausdruck.** Kostenlose Poster im DIN A2-Format und Etiketten erhalten Sie in unseren Cash & Carry-Märkten und bei Bloomways. Weitere Werbemittel gestalten wir gerne nach Ihren Wünschen und liefern Sie zum Selbstkostenpreis – mailen Sie dazu an: werbung@landgard.de.

Floristikbedarf von Smithers-Oasis

OASIS® SEC Kugel

Trockenblumensteckschaum grau, farbstabil, leicht zu schneiden und zu bestecken
Ø 7 cm, Art.-Nr. 21-02391
Ø 9 cm, Art.-Nr. 21-02392
Ø 12 cm, Art.-Nr. 21-02393
Ø 16 cm, Art.-Nr. 21-02394
Ø 20 cm, Art.-Nr. 21-02395
Ø 25 cm, Art.-Nr. 21-23882
Ø 30 cm, Art.-Nr. 21-02389

OASIS® NatureSource™ Zylinder

Frischblumensteckschaum braun, aus 20 % biobasierten Rohstoffen* hergestellt (* DIN EN ISO 14021 weist 20 % biobasierte Inhaltsstoffe nach, davon sind 13 % nachgewiesener biobasierter Kohlenstoff nach DIN EN 16785-1, Prüfstelle TÜV Rheinland)
H 7 cm, Ø 14 cm, Art.-Nr. 11-01318
H 7 cm, Ø 22 cm, Art.-Nr. 11-01319

OASIS® NatureSource™ Kugel

Frischblumensteckschaum braun, aus 20 % biobasierten Rohstoffen* hergestellt (* DIN EN ISO 14021 weist 20 % biobasierte Inhaltsstoffe nach, davon sind 13 % nachgewiesener biobasierter Kohlenstoff nach DIN EN 16785-1, Prüfstelle TÜV Rheinland)
Ø 16 cm, Art.-Nr. 11-10042
Ø 20 cm, Art.-Nr. 11-10043

OASIS® BIOLIT® Unterlagen

kompostierbare Recycling-Kartonunterlage aus 100 % recyceltem Altpapier
13 x 13 x 2 cm, Art.-Nr. 45-04002,
25 x 13 x 2 cm, Art.-Nr. 45-04004,
48 x 13 x 2 cm, Art.-Nr. 45-04005,

OASIS® BIOLIT® NatureSource™ Schale

Frischblumensteckschaum braun, aus 20 % biobasierten Rohstoffen* hergestellt (* DIN EN ISO 14021 weist 20 % biobasierte Inhaltsstoffe nach, davon sind 13 % nachgewiesener biobasierter Kohlenstoff nach DIN EN 16785-1, Prüfstelle TÜV Rheinland), mit kompostierbarer Recycling-Kartonunterlage
H 6 cm, Ø 14 cm, Art.-Nr. 11-07418
H 10 cm, Ø 18 cm, Art.-Nr. 11-07421

OASIS® NatureSource™ Maxlife Blumensteckschaum Ziegel

Frischblumensteckschaum braun, aus 20 % biobasierten Rohstoffen* hergestellt (* DIN EN ISO 14021 weist 20 % biobasierte Inhaltsstoffe nach, davon sind 13 % nachgewiesener biobasierter Kohlenstoff nach DIN EN 16785-1, Prüfstelle TÜV Rheinland), 23 x 11 x 7,5 cm
20 Stück, Art.-Nr. 10-01100

OASIS® SEC Ziegel

Trockenblumensteckschaum grau, farbstabil, leicht zu schneiden und zu bestecken,
23 x 11 x 8 cm, Art.-Nr. 20-02302

OASIS® IDEAL Maxlife Blumensteckschaum Ziegel

Frischblumensteckschaum grün, universell nutzbar, für nahezu alle gängigen Blumen und Gestecke geeignet, 23 x 11 x 7,5 cm,
20 Stück Art.-Nr. 10-01010